Alice und Robert Fryling

Kurs Ehe

Tips für das Leben zu zweit

Bearbeitet von Hartmut Behnke

R. BROCKHAUS

SAATKORN-VERLAG

R. Brockhaus Taschenbuch Bd. 495

Amerikanischer Originaltitel:
»A Handbook for Engaged Couples«
Erschienen bei Inter-Varsity Press,
Downers Grove, Illinois, USA
© 1977 Robert und Alice Fryling

Deutsch von Isabel Fuchs

© der deutschen Ausgabe:
R. Brockhaus Verlag Wuppertal und Zürich 1980/1993
Umschlaggestaltung: Carsten Buschke, Solingen
Umschlagfoto: Kotoh – ZEFA, Düsseldorf
Gesamtherstellung: Breklumer Druckerei Manfred Siegel KG

ISBN 3-417-20495-X (R. Brockhaus)
Bestell-Nr. 220495

ISBN 3-8150-0849-2 (Saatkorn)
Verlagsarchiv-Nr. 1039193

INHALT

Einführung 5

1. Die Absicht Gottes 7
2. Kommunikation in der Ehe 16
3. Konflikte lösen 23
4. Leben und Arbeit 29
5. Die liebe Verwandtschaft 33
6. Finanzen 38
7. Umgang mit der Zeit 42
8. Geistlich wachsen in der Ehe 44
9. Stimmungen und Gefühle 49
10. Die körperliche Beziehung während der Verlobungszeit 57
11. Die Hochzeitsfeier 67
12. Flitterwochen 73
13. Lösen von Konflikten 79
14. Sexualität in der Ehe 83
15. Vergebung in der Ehe 89

EINFÜHRUNG

Jeder Hochzeit folgt eine Ehe. Diese einfache Aussage birgt mehr in sich, als es im ersten Augenblick scheinen mag. Ein verheirateter Mensch wird im Durchschnitt 50000 Stunden mit seiner Ehepartnerin verbringen.

Für Christen ist die längste Zeit die nie endende Ewigkeit, die wir durch Gottes Gnade bei ihm verbringen dürfen. Als zweitlängste Zeitspanne unseres Lebens können wir die Ehe ansehen. »Bis daß der Tod euch scheidet«, kann fünfzig und mehr Jahre Ehe bedeuten.

Für jede Fahrerlaubnis und jede Berufsausübung brauchen wir Prüfungen. Für die Ehe nicht?

Dieses Arbeitsbuch ist in erster Linie für Verlobte geschrieben, die sich mit Gottes Hilfe auf die tiefste aller menschlichen Beziehungen vorbereiten möchten. Es werden Aufgaben gestellt, Sie werden gebeten, mit Ihrem Partner ins Gespräch zu kommen.

Es werden weiterführende Bücher empfohlen, die Sie zusätzlich zu diesem Buch lesen können. Sie werden nicht alle lesen. Es ist nur ein Angebot, sich über bestimmte Fragen genauer zu informieren.

Wie kann man dieses Buch benutzen?

Wir schlagen vor, daß sich jeder von Ihnen ein eigenes Exemplar dieses Buches anschafft. Dann arbeiten Sie jedes Kapitel dreimal durch: Einmal allein, indem Sie die Antworten geben, ohne mit dem Partner gesprochen zu haben; dann gemeinsam, indem Sie die Antworten miteinander vergleichen, und schließlich mit Ihrem Pastor oder Ihrer Gruppe, der oder die Sie in der Ehevorbereitung begleitet.

Die Reihenfolge der Kapitel mag nicht Ihren Bedürfnissen entsprechen, wenn Sie kurz vor der Hochzeit stehen, oder kurz nach der Hochzeit Kapitel, die Ihnen besonders wichtig sind, zur Hand nehmen.

Die Fragen auf den folgenden Seiten kann nicht jeder in gleicher Form beantworten. Menschen sind in ihrem Wesen, im Temperament, in ihren Werten und Zielen sehr unterschiedlich.

Diese Unterschiede im Gespräch zu entdecken und damit umgehen zu lernen, ist das Ziel dieses Buches für Verlobte und Ehepaare.

1. Die Absicht Gottes

Wenn sich zwei Menschen fragen, ob sie den Rest ihres Lebens miteinander teilen wollen, ist das auch heute noch ein Augenblick tiefer Bedeutung. Für uns kam er auf der kleinen Insel vor der Küste von Maine. Bob fragte Alice, ob sie den Rest ihres Lebens mit ihm teilen wollte. Der Himmel hätte nicht blauer sein und die Sonne nicht heller scheinen können, als sie freudestrahlend ja sagte. An jenem Tag haben wir uns auf den Felsen der Atlantikküste lange und intensiv unterhalten. Voller Freude malten wir uns die dynamische, liebevolle Ehe aus, die wir demnächst beginnen wollten.

Jede Beziehung ist - selbstverständlich - einzigartig. Doch sicher erlebt jedes Paar solche Augenblicke der überwältigenden Vorfreude auf eine Liebe, die ewig halten wird. Aber wie können wir diese Liebe nähren? Wie wachsen wir zusammen? Wie bauen wir eine stabile Partnerschaft auf? Als Christen brauchen wir nicht im Dunkeln herumzutappen und überall nach Prinzipien zu suchen, an die wir uns halten können. Das ist eine der großen Freuden, die ein Leben mit Christus mit sich bringt: Die Bibel gibt uns Leitlinien, die für jede Ehe gelten, uns aber soviel Spielraum lassen, daß keine christliche Ehe wie die andere ist.

Jede Ehe, die sich auf ein solides biblisches Fundament gründet, spiegelt bis zu einem gewissen Grad Christi Einheit mit der Gemeinde wider (Epheser 5,24-25). Sie ist ein Bild, das der Welt und den Mitchristen zeigen kann, welche Beziehung Jesus Christus zu uns haben will. Welch einen hohen Rang bekommt damit die christliche Ehe!

Wenn dieses Bild kein Zerrbild werden soll, müssen wir unsere Ehe immer wieder im Licht der biblischen Lehre prüfen. Die folgenden Bibeltexte und die anschließenden Fragen sollen Ihnen helfen, Ihre Ehe in der richtigen Perspektive zu sehen.

Und Gott schuf den Menschen zu seinem Bilde, zum Bilde Gottes schuf er ihn; und schuf sie als Mann und Weib . . . Und Gott der Herr sprach: Es ist nicht gut, daß der Mensch allein sei; ich will ihm eine Gehilfin machen, die um ihn sei. Und Gott der Herr machte aus Erde alle die Tiere auf dem Felde und alle die Vögel unter dem Himmel und brachte sie zu dem Menschen, daß er sähe, wie er sie nennte; denn wie der Mensch jedes Tier nennen würde, so sollte es heißen. Und der Mensch gab einem jeden Vieh und Vogel unter dem Himmel und Tier auf dem Felde seinen Namen; aber für den Menschen ward keine Gehilfin gefunden, die um ihn wäre. Da ließ Gott der Herr einen tiefen Schlaf fallen auf den Menschen, und er schlief ein. Und er nahm eine seiner Rippen und schloß die Stelle mit Fleisch. Und Gott der Herr baute ein Weib aus der Rippe, die er von dem Menschen nahm, und brachte sie zu ihm. Da sprach der Mensch: Das ist doch Bein von meinem Bein und Fleisch von meinem Fleisch; man wird sie Männin nennen, weil sie vom Manne genommen ist (1. Mose 1,27; 2,18–23).

Nach 1. Mose 1,27 spiegeln Mann und Frau gemeinsam Gottes Ebenbild wider. In welcher einzigartigen Art spiegeln Männer Gottes Ebenbild wider? In welcher einzigartigen Art Frauen?

Für welche Zwecke wurde die Frau geschaffen?

Für welche Zwecke der Mann?

_____

Welche Ziele verfolgt Gott Ihrer Meinung nach, indem er sie zusammenführt?

_____

_____

_____

_____

Mit welchen Ihrer Wesensmerkmale können Sie einander ergänzen, so daß Sie gemeinsam das Ebenbild Gottes widerspiegeln?

_____

_____

Ordnet euch einander unter in der Furcht Christi. Die Frauen sollen sich ihren Männern unterordnen wie dem Herrn. Denn der Mann ist das Haupt der Frau, wie auch Christus das Haupt der Gemeinde ist, die er als seinen Leib erlöst hat. Aber wie nun die Gemeinde sich Christus unterordnet, so sollen sich auch die Frauen ihren Männern in allem unterordnen. Ihr Männer, liebt eure Frauen, wie auch Christus die Gemeinde geliebt und sich selbst für sie dahingegeben hat, um sie zu heiligen. Er hat sie gereinigt durch das Wasserbad im Wort, um sie als seine Gemeinde vor sich zu stellen in herrlichem Schmuck, ohne Flecken oder Runzel oder etwas dergleichen, vielmehr heilig und untadelig. So sollen auch die Männer ihre Frauen lieben wie ihren eigenen Leib. Wer seine Frau liebt, der liebt sich selbst. Denn niemand hat je seinen eigenen Leib gehaßt; sondern er nährt und pflegt ihn, wie auch Christus die Gemeinde. Denn wir sind Glieder seines Leibes. Darum wird ein Mann Vater und Mutter verlassen und sich an seine Frau binden, und die zwei werden ein Leib sein. Dies Geheimnis ist groß; ich aber deute es auf Christus und die Gemeinde. Jedenfalls sollt auch ihr, jeder einzelne, seine Frau lieben wie sich selbst; die Frau aber soll ihren Mann ehren (Epheser 5,21–33).

In Vers 21 steht: »Ordnet euch einander unter in der Furcht Christi.« Umschreiben Sie diesen Satz mit Ihren eigenen Worten!

_____

_____

Was bedeutet das für den Ehemann? Die Ehefrau? Wie verstehen Sie das in bezug auf Ihre Beziehung zu Ihrem/Ihrer Verlobten?

_____

_____

_____

Wie sollen nach dieser Bibelstelle die Männer ihre Frauen lieben?

_____

_____

_____

_____

Wie, erwarten Sie, werden diese Richtlinien in Ihrer Ehe verwirklicht werden?

_____

_____

_____

Welche Anweisungen gibt Epheser 5 der Ehefrau?

_____

_____

_____

_____

Was bedeutet »sich jemandem unterordnen«?

___

___

Was bedeutet »jemanden ehren«?

___

___

Wie, erwarten Sie, werden diese Lehren in Ihrer Ehe verwirklicht werden?

___

___

___

Wie kann sich eine Frau ihrem Mann unterordnen und ihm gegenüber doch ihre Meinung vertreten?

___

___

Warum befiehlt Epheser 5 wohl den Männern, ihre Frauen zu *lieben*, und den Frauen, ihre Männer zu *ehren* (V. 33)?

___

___

Denken Sie über das nach, was Walter Trobisch zur Liebe schreibt: »Ich will versuchen, Ihnen zu sagen, was es eigentlich bedeuten sollte, wenn ein junger Mann zu einem Mädchen sagt: ›Ich liebe dich.‹ Es bedeutet: ›Du, du, du. Nur du. Du sollst in meinem Herzen regieren. Du bist es, nach der ich mich gesehnt habe; ohne dich bin ich unvollständig. Ich will alles für dich hergeben, und ich will alles aufgeben für dich, mich selbst sowie alles, was ich besitze. Ich will nur für dich allein leben, und ich will nur für dich allein arbeiten, und ich will auf dich warten – ganz egal, wie lange es dauert. Ich will immer geduldig mit dir sein. Ich will dich nie zwingen, nicht einmal mit Worten. Ich will dich schützen und beschützen und dich vor allem Bösen bewahren. Ich möchte mit dir meine Gedanken teilen, mein Herz und meinen Körper – alles, was ich besitze. Ich möchte dir zuhören, wenn du etwas sagen willst. Ich möchte nichts ohne deinen Segen tun. Ich möchte immer an deiner Seite bleiben.‹«

Was wollen Sie zum Ausdruck bringen, wenn Sie »Ich liebe dich« sagen?

Gibt es etwas, wovor Sie sich fürchten, wenn Sie an Ihre zukünftige Rolle als Ehemann bzw. Ehefrau denken? Wie kann Ihnen Ihr Partner helfen, diese Angst zu bewältigen?

_____

_____

_____

_____

Versuchen Sie auf dem Hintergrund von Epheser 5,21–33 eine Definition von *Ehe* zu formulieren.

_____

_____

_____

Welche fünf Qualifikationen Ihres Partners finden Sie besonders anziehend?

_____

_____

_____

_____

_____

Zur weiteren Lektüre

Bovet, Theodor: *Die Ehe. Ein Handbuch für Eheleute,* Katzmann Verlag, Tübingen, 3. Auflage 1984

Shedd, Charlie: *Briefe an Stefan,* Christliche Verlagsanstalt, Konstanz, 4. Auflage 1989

Shedd, Charlie: *Briefe an Karen,* Christliche Verlagsanstalt, Konstanz, 4. Auflage 1989

Nitsche, Walter: *Partnerwahl für Christen,* Schwengeler Verlag, CH-Berneck 1990

Horie, Michiaki und Hildegard: *Verliebt und dann?* R. Brockhaus Verlag, Wuppertal und Zürich 1991

Martschinke, Dieter / Eggers, Ulrich (Hrsg.): *Lieben lernen,* R. Brockhaus Verlag, Wuppertal und Zürich, 2. Auflage 1988

Trobisch, Walter: *Mit dir. Partnerschaft in der Erprobung,* Vandenhoeck & Ruprecht, Göttingen, 6. Auflage 1991

2. Kommunikation in der Ehe

Als wir frisch verheiratet waren, entdeckten wir etwas Verwirrendes: Für den einen von uns bedeutete Schweigen etwas Schönes und Beruhigendes, während es für den anderen Ärger und Kritik signalisierte. Sicher können Sie sich die Bestürzung und die verletzten Gefühle vorstellen, wenn wir zum Beispiel auf der Rückfahrt von einem herrlichen Ausflug in die Berge schweigend nebeneinandersaßen! Der eine von uns drückte auf diese Weise aus: »Ich liebe dich so sehr, daß ich kein Wort zu sagen brauche.« Der andere dachte: »Du mußt sauer auf mich sein, sonst würdest du dich mit mir unterhalten!« Schweigen war in diesem Fall alles andere als Gold! Erst als wir darüber sprachen, was wir bei unserem Schweigen innerlich erlebten, kam es zu wirklicher Kommunikation.

Bestimmt ist nichts so wichtig in der Ehe wie die Kunst, sich dem andern klar und eindeutig mitzuteilen. Andernfalls kann Liebe nicht völlig ausgedrückt werden. Ohne echte Kommunikation können wir unsern Partner nicht immer tiefer kennenlernen. Es können keine Probleme gelöst werden. Glauben Sie nie, Sie wüßten bereits alles über Kommunikation in der Ehe! Es gibt keine Ehe, in der man Kommunikation nicht ein Leben lang lernen müßte. Ist ein Berg erklommen und bezwungen, taucht ein neuer auf. Die Versuchung, sich in sein Schneckenhaus zurückzuziehen, ist ständig vorhanden. Immer wieder ist Mut nötig, um das Risiko einzugehen, sich dem andern so zu zeigen, wie man ist. Je mehr Sie bereits während Ihrer Verlobungszeit echte, wahrhaftige Kommunikation üben, desto besser werden Sie ausgerüstet sein, Ihre eheliche Beziehung in offener und ehrlicher Liebe zu entwickeln.

Die folgenden sechs Grundsätze für die Kommunikation finden wir besonders hilfreich:

1. *Hören Sie aktiv zu!* Locken Sie den andern heraus durch Fragen wie: »Was meinst du mit...?« oder: »Kannst du mir ein Beispiel für dein Gefühl geben...?« Wenn Sie dann immer noch meinen, Ihren Partner nicht völlig verstanden zu haben, dann versuchen Sie das, was bei Ihnen angekommen ist, mit eigenen Worten auszudrücken: »Soweit ich dich verstehe, willst du also sagen... Stimmt das?«

2. *Reden Sie.* Reden Sie noch mehr. Reden Sie ständig! Gehen Sie davon aus, daß Ihr Partner nichts von dem weiß, was Sie denken und fühlen. Informieren Sie ihn oder sie über Ihre Gedankengänge, Planungen, finanziellen Überlegungen. Drücken Sie in Worten aus, was Sie gut finden, was Sie schlecht finden, was Ihnen gleichgültig ist. Natürlich vermitteln auch hochgezogene Augenbrauen, Achselzucken, Schweigen oder Tränen eine Botschaft. Doch nichts kann eine konkrete Information so exakt weitergeben wie Worte.

3. *Wenn Sie anderer Meinung sind, dann sagen Sie es liebevoll!* Und hören Sie aufnahmebereit die gegensätzliche Meinung des andern an! Häufig wird der eine Partner besser mit Meinungsverschiedenheiten fertig als der andere. Es kann zum Beispiel sein, daß der Mann es besser verkraftet, unterschiedliche Meinungen auszudiskutieren, als die Frau. Sie fühlt sich vielleicht durch Widerspruch persönlich abgelehnt. (»Du bist mir böse, weil ich vorgeschlagen habe, auswärts essen zu gehen!« – »Nein! Ich würde nur eben lieber das Geld für unsere Hochzeit sparen.«)

4. *Versprechen Sie einander, daß Sie keine Geheimnisse voreinander haben wollen!* Das bedeutet nicht, daß Sie gleich mit allem herausplatzen sollen, ganz egal, wie die Umstände sind. Gemeint ist auch nicht, daß Sie ständig Ihre Vergangenheit nach alten Sünden durchforschen. Es bedeutet vielmehr, daß Sie nicht bewußt eine Information zurückhalten, die Ihrem Partner helfen könnte, Sie besser kennenzulernen, Sie mehr zu lieben und Ihr Leben zu teilen.

5. *Reagieren Sie auf Gefühle nicht mit »Sachlichkeit«!* Beantworten Sie Gefühle mit Gefühlen und Argumente mit Argumenten. Da ist die Frau, die total frustriert vom Einkaufen nach Hause kommt. Welch ein Nachmittag! Der Parkplatz überfüllt – vieles ausverkauft – lange Schlangen vor den Kassen – und dann hat man ihr auch noch etwas Falsches eingepackt! Als sie endlich zu Hause ankommt und ihrem Mann von der Quälerei berichtet, blickt der kaum von seiner Zeitung auf und fragt: »Warum gehst du nicht in ein anderes Geschäft?« Sachlich hat er völlig recht, doch was sie in diesem Augenblick braucht, ist keine vernünftige Lösung ihres Problems, sondern Mitgefühl und Verständnis: »Ich wäre an deiner Stelle auch sauer gewesen.« In solchen Situationen sind zunächst Mitgefühl

und Nachempfinden gefragt und erst dann Logik und Tatsachen.

6. *Wenn Sie sich in einem Streitgespräch total festgefahren haben, dann suchen Sie nach der eigentlichen Ursache!* Wenn Sie sich dabei erwischen, wie Sie sich endlos über ein Thema streiten, das keinen von Ihnen wirklich interessiert, dann suchen Sie im Gespräch die eigentlichen Gründe für Ihren Ärger herauszufinden! Ein Beispiel: Sabine und Andreas haben einen anstrengenden Tag hinter sich. Abends können sie sich nicht einigen, ob sie die Nachrichten im Ersten oder im Zweiten Programm sehen sollen. Ihre Diskussion wird immer hitziger, bis ihnen auf einmal klar wird, daß es bei dem Streit eigentlich gar nicht um das Fernsehprogramm geht, sondern um unausgesprochene Dinge beim Abendessen. Sabine ist verletzt, weil Andreas nicht aufgefallen ist, daß sie ein neues Rezept ausprobiert hat. Und dann hat er ihr auch kaum zugehört, als sie ihm von ihrem Nachmittag in der Stadt erzählt hat. Er wiederum hat sich geärgert, daß sie ihm nach der Arbeit keine Minute Ruhe gegönnt hat. Zudem hat sie vergessen, ihm dafür zu danken, daß er ihr sofort den Wasserhahn repariert hat. Als sie nun merken, daß das eigentliche Problem darin besteht, dem anderen zuzuhören und auf ihn einzugehen, löst sich der Streit ums Fernsehprogramm ganz von selbst.

Die sechs Grundsätze lösen bei vielen Paaren den berühmten »Aha-Effekt« aus. (»Aha! Das ist doch bei uns immer so und so...«), während sie anderen zunächst als graue Theorie erschienen. Doch früher oder später werden sie sich als nützlich erweisen.

Ein abendlicher Spaziergang gibt jedem Paar die Möglichkeit, losgelöst von der häuslichen Arbeit, sich mitzuteilen. Diese zehn oder fünfzehn Minuten können Kommunikationshindernisse leichter überwinden. Es lohnt sich also, sich, wenn nötig, noch einmal warm anzuziehen und selbst bei Wind und Wetter diesen Spaziergang zu wagen.

Denken Sie nun einmal über Kommunikation in Ihrer Beziehung nach:

1. Welches Ziel verfolgen Sie beim Gespräch mit Ihrem Partner? Möchten Sie völlige Offenheit in Ihrer Ehe? Wieweit sind Sie bereit, offen zu sein?

_____

_____

_____

_____

2. Was wird Ihnen helfen, dieses Ziel zu erreichen? Nennen Sie wenigstens vier Grundsätze oder Vorschläge für Ihre Kommunikation.

_____

_____

_____

_____

3. Bei der Kommunikation in der Ehe geht es nicht nur um die Bewältigung von Krisen. Sie wächst vielmehr aus den alltäglichen Gesprächen, die wir miteinander führen. Was sind die Stärken Ihrer Gespräche miteinander?

Worüber sprechen Sie am häufigsten? Über Gedanken, Menschen oder Sachen? Warum?

4. Wem von Ihnen fällt das Miteinander-Reden leichter? Und warum?

5. Was sind die schwachen Punkte Ihrer Kommunikation? Was können Sie tun, um sie zu verbessern?

Zur weiteren Lektüre

Schaffer, Ulrich: *Ich will dich lieben. Meditationen über die Liebe,* R. Brockhaus Verlag, Wuppertal und Zürich, 16. Auflage 1990

Schaffer, Ulrich: *Wachsende Liebe,* Oncken Verlag, Wuppertal und Kassel, 12. Auflage 1990

Hardisty, Margaret: *Nimm sie einfach in den Arm,* Verlag Schulte und Gerth, Aßlar 1990

Morgan, Marabel: *Die totale Frau,* Leonis-Verlag, Zürich 1991

Benson, Dan: *Der tote Mann,* Leonis-Verlag, Zürich 1991

Smalley, Gary: *Entdecke deinen Mann,* Editions Trobisch, Kehl/Rhein 1986

Smalley, Gary: *Entdecke deine Frau,* Editions Trobisch, Kehl/Rhein 1986

Müller, Harry: *Eheseminar mit Pfiff. Damit die erste Ehe die einzige bleibt,* Hänssler Verlag, Neuhausen-Stuttgart 1992

3. Konflikte lösen

Großpapa feierte seinen hundertsten Geburtstag. Jeder beglückwünschte ihn zu seinem guten Aussehen.

»Ich werde euch ein Geheimnis verraten«, sagte Großpapa. »Fünfundsiebzig Jahre ist es her, daß Großmama und ich geheiratet haben. In der Hochzeitsnacht haben wir uns geschworen, daß nach jedem Ehekrach derjenige, der unrecht gehabt hat, einen Spaziergang machen muß. Und so bin ich die letzten fünfundsiebzig Jahre ständig an der frischen Luft gewesen.«

Dies ist eine Möglichkeit, um so lange Zeit »glücklich« verheiratet zu sein. Gibt es noch andere?

Jeder muß seine eigenen Leitlinien für das Lösen von Problemen entwickeln und sie von Zeit zu Zeit neu überdenken, wenn scheinbar Unlösbares zu lösen ist. Das ist jedesmal ein

schmerzlicher Prozeß. Oft gelangen Paare in solchen Gesprächen an den Punkt, wo sie verzweifelt die Hände über dem Kopf zusammenschlagen und ausrufen: »Es geht einfach nicht!«

Doch wir haben zu unserer Freude erfahren, daß es keine unüberwindlichen Probleme gibt. Besonders das christliche Ehepaar, in dem der Heilige Geist am Werk ist, kann immer eine Lösung finden, wenn beide Partner bereit sind, Fehler zuzugeben und sich zu ändern.

»Herzen, die mit der Liebe Christi verbunden sind, werden sich nie zu weit voneinander entfernen« (E.G. White).

Vermutlich werden Sie auf dieses Kapitel zurückkommen, wenn Sie die nächsten Kapitel durcharbeiten, in denen es um Fragen der Zeiteinteilung, des Geldes, des Umgangs mit der Familie und um andere Gebiete geht, wo Entscheidungen getroffen werden müssen. Was geschieht, wenn Sie sich in einer dieser Fragen nicht einig sind?

Erste Stufe: *Beschreiben Sie das Problem deutlich aus beiden Blickwinkeln!* Jeder von Ihnen sollte sagen: »Verstehe ich dich richtig? Du denkst also...?« Dann sollte der andere die Möglichkeit haben, Ihren Eindruck zu bestätigen oder zu korrigieren, damit sichergestellt ist, daß Sie einander richtig und ganz verstanden haben.

Zweite Stufe: *Bringen Sie zum Ausdruck, an welchen Punkten Sie einander zustimmen!* So kann zum Beispiel der Mann sagen: »Jawohl, ich sehe ein, daß es dich ärgert, wenn ich zu spät zum Essen komme.« Und die Frau kann erwidern: »Ja, und mir leuchtet ein, daß du verletzt bist, wenn ich so emotional auf deine Verspätung reagiere.« Es ist natürlich möglich, daß Sie in einem Fall die Gesichtspunkte des anderen überhaupt nicht begreifen. In diesem Fall können Sie einander nur zustimmen, daß Sie ein Problem haben.

Dritte Stufe: *Tragen Sie gemeinsam alle Ideen zusammen,* wie man das Problem unter Umständen lösen könnte! Vielleicht sollten Sie Ihre Gedanken niederschreiben, und dann diskutieren Sie Für und Wider.

Vierte Stufe: *Sagen Sie, wo jeder von Ihnen bereit ist, selbst etwas zu ändern,* um zu einer Lösung zu gelangen.

Fünfte Stufe: *Fassen Sie die beste Lösung zusammen,* die Ihnen eingefallen ist.

Und schließlich: *Beten Sie,* daß Gott Ihnen helfen möge, die notwendigen Schritte zu unternehmen, um diese Lösung zu verwirklichen.

1. Welches Ihrer augenblicklichen Probleme könnten Sie mit dieser Methode gemeinsam zu lösen versuchen?

___

___

___

Oder versuchen Sie, ein oder zwei der folgenden Probleme zu »lösen«:

2. Anja, eine junge Mutter, würde gern einen Fortbildungskurs belegen, da sie »zu Hause versauert«. Doch Michael, ihr Mann, meint, Kurs plus Babysitter seien zu teuer angesichts seines knappen Einkommens.

___

___

___

___

3. Bernds Chef erwartet, daß er viermal pro Woche Überstunden macht. Susanne ist unglücklich, weil er so selten zu Hause ist, bevor die Kinder ins Bett gehen.

_____

_____

_____

_____

4. An jedem Wochenende möchte Renate etwas unternehmen – ans Meer fahren, einen Stadtbummel machen, irgend etwas besichtigen oder Freunde besuchen. Kurt würde lieber einen ruhigen Tag zu Hause verbringen und lesen – oder durch die Wälder streifen.

_____

_____

_____

_____

5. Sven und Katja kommen erst abends von der Arbeit nach Hause. Sie haben dann keine Energie mehr, die Hausarbeit zu erledigen. Im Prinzip ist Sven einverstanden, einen Teil zu übernehmen. Praktisch macht aber meist Katja donnerstags und freitags den ganzen Haushalt. Obwohl sie sich darüber ärgert.

6. Silke ist halbtags berufstätig. Obwohl sie morgens zur gleichen Zeit aus dem Haus geht wie Andreas, erwartet er, daß sie immer das Frühstück macht. Sie ist enttäuscht, daß er sich fast nie bereitfindet, das auch einmal zu übernehmen.

7. Manchmal kommt Werner aufgeräumt nach Hause, weil er einen außergewöhnlich guten Tag in der Firma hatte, und findet Bettina müde und in schlechter Laune vor. Sie haben dann große Schwierigkeiten, mit ihrer unterschiedlichen Stimmungslage fertigzuwerden.

8. Stefan stammt aus einer sparsamen Familie. Deshalb findet er, daß Claudia Geld zum Fenster hinauswirft, wenn sie etwas Schönes für die Wohnung kauft oder ein exquisites Abendessen auftischt.

_____

_____

_____

_____

Zur weiteren Lektüre

Seamands, David: *Heilung der Gefühle,* Verlag der Francke-Buchhandlung, Marburg/Lahn 1986

Seamands, David: *Heilung der Erinnerungen,* Verlag der Francke-Buchhandlung, Marburg/Lahn 1987

Dobson, James: *Minderwertigkeitsgefühle – eine Epidemie,* Editions Trobisch, Kehl/Rhein 1983

Wright, H. Norman: *Wenn zwei sich gut verstehen,* Verlag Schulte und Gerth, Aßlar, 2. Auflage 1989

Ruthe, Reinhold: *Duett statt Duell,* R. Brockhaus Verlag, Wuppertal und Zürich, 5. Auflage 1990

4. Leben und Arbeit

Die meisten von uns malen sich in Gedanken ständig Bilder aus. Wir malen uns den nächsten Urlaub aus. Wir malen uns aus, wohin wir beim nächsten Umzug ziehen werden. Wir malen uns aus, wer wir in zehn Jahren sein werden. Oder vielleicht malen wir uns nur aus, was wir morgen tun werden. Wir haben unsere Hoffnungen, Träume und Wünsche.

Sie müssen jedoch mit der Realität einer wachsenden Beziehung in Verbindung gebracht werden.

So sind auch Verlobte eifrig damit beschäftigt, für die Zukunft zu planen. Die meisten Menschen werden Ihnen bei Ihrer Gemäldegalerie von Hoffnungen und Wünschen ein gewisses Maß an künstlerischer Freiheit zubilligen. Sorgen Sie jedoch dafür, daß Sie Ihre Vorstellungen so detailliert wie möglich mit Ihrem Partner absprechen. Vermutlich werden Sie sich wundern, wie unterschiedlich Ihre Erwartungen in einzelnen Bereichen sind!

Wir haben im folgenden einige praktische Fragen aufgeschrieben, die Sie jetzt mit Ihrem Partner besprechen sollten und über die Sie vielleicht auch später häufiger reden müssen, während Ihre Pläne Wirklichkeit werden. (Wenn Sie sich nicht einig sind, dann versuchen Sie's doch mal mit der Methode, die Sie in Kapitel 3 gelernt haben!)

1. Welche beruflichen Pläne hat der Mann?

___

___

2. Welche beruflichen Pläne hat die Frau?

___

___

3. Will einer von Ihnen nicht arbeiten? Auf Dauer oder für wie lange?

___

___

4. Wer bleibt zu Hause, wenn Kinder kommen?

___

___

5. In welcher Gegend und welcher Umgebung möchten Sie auf lange Sicht wohnen?

_____

_____

6. Wo werden Sie nach der Hochzeit wohnen? In einer Mietwohnung? In Ihrer? In der Ihres Partners? In einer neuen? In einer Eigentumswohnung, die Sie sich kaufen werden?

_____

_____

_____

7. In welchem Stil werden Sie Ihre Wohnung einrichten? Wer von Ihnen wird sich mehr darum kümmern? Haben Sie vor, ein für Gäste offenes Haus zu haben?

_____

_____

_____

8. Wer von Ihnen wird dabei letztlich zu sagen haben? Nennen Sie zwei oder drei Beispiele.

_____

_____

_____

9. Wie werden Sie die Hausarbeit aufteilen?

_____

_____

_____

_____

10. Wer wird letztlich für die Erziehung der Kinder verantwortlich sein? Warum?

_____

_____

11. Wie werden Sie größere Entscheidungen in Ihrer Ehe treffen? Was wird geschehen, wenn Sie sich nicht einigen können? Wie halten Sie es mit kleineren, alltäglichen Entscheidungen?

_____

_____

_____

Zur weiteren Lektüre

Wheat, Ed: *Liebe ist Leben*, Verlag Klaus Gerth, Aßlar 1991

Duo. Ein Partner-Spiel-Test, Entw. v. Hine und James R., Christian Kaiser Verlag, München

5. Die liebe Verwandtschaft

Durch eine Heirat werden nicht zwei, sondern immer vier Menschen miteinander verbunden. Wenn wir heiraten, heiraten wir nicht nur den Mann oder die Frau, wie wir sie heute kennen, sondern damit gleichzeitig auch das ehemalige Kind, das in seinem Denken, Handeln und Empfinden von seinem familiären Hintergrund geprägt ist. Um noch genauer zu sein, müssen wir die Eltern der Braut und des Bräutigams dazuzählen und so sagen, daß eine Heirat acht Menschen betrifft. Denn in vieler Hinsicht heiraten wir nicht einen einzelnen Menschen, sondern wir heiraten seine ganze Familie mit.

Es dauert zwar ein Leben lang, das ganze komplizierte Geflecht dieser Beziehungen zu verstehen, doch man kann bereits in der Verlobungszeit damit beginnen, eine gesunde Beziehung zu den beiden Familien aufzubauen. Der erste Schritt dazu kann darin bestehen, daß man sich gegenseitig über die eigene Familie informiert. Viele Stunden vergehen im Wagen oder im Wohnzimmer mit dem Frage- und Antwort-Spiel: »Was weißt du noch? Als du fünf Jahre alt warst? Als du ins dritte Schuljahr gingst? Als du aus der Schule kamst?« Sabine weiß, daß Andreas mit zehn Jahren seinen Geigenbogen als Angel mißbrauchte. Und Andreas weiß, daß Sabine im Alter von sieben Jahren ihre Lieblingskatze im Schrank einschloß! Solche Geschichten und was unausgesprochen dahintersteht, lassen uns besser begreifen, woher wir kommen und wohin wir gehen.

Eltern stehen ihren Kindern sehr nahe, haben eventuell Ängste aufgebaut durch alle Kinderkrankheiten hindurch und können die Kinder nur schwer loslassen. Es wird immer der Wunsch der Eltern bleiben, daß es den Kindern auch in ihrer Ehe gut geht. Die Kinder werden sich aber auf Dauer nur Rat bei ihren Eltern holen, wenn die Eltern ihre Selbständigkeit ohne Einschränkung akzeptieren.

Mark Twain erzählt dazu eine Geschichte: Eines Tages kommt ein Siebzehnjähriger zu ihm und sagt: »Ich verstehe mich mit meinem Vater nicht mehr. Jeden Tag Streit. Er ist so rückständig, hat keinen Sinn für moderne Ideen. Was soll ich machen? Ich laufe aus dem Haus.«

Mark Twain antwortete: »Junger Freund, ich kann Sie gut verstehen. Als ich siebzehn Jahre alt war, war mein Vater genau so ungebildet. Es war kein Aushalten. Aber haben Sie Geduld mit so alten Leuten. Sie entwickeln sich langsamer. Nach zehn Jahren, als ich siebenundzwanzig war, da hatte er so viel dazu gelernt, daß man sich schon ganz vernünftig mit ihm unterhalten konnte. Und was soll ich Ihnen sagen? Heute, wo ich siebenunddreißig bin – ob Sie's glauben oder nicht: Wenn ich keinen Rat weiß, dann frage ich meinen alten Vater. So können die sich ändern!«

Wenn Sie noch nicht damit begonnen haben, fangen Sie an, einander alles über Familie und Kindheit zu erzählen.

1. Was hat Ihnen als Kind an Ihrer Familie am besten gefallen?

———————————————————————

———————————————————————

———————————————————————

2. Beschreiben Sie, wie Ihre Beziehung zu den einzelnen Familiengliedern jetzt ist. Ist sie eng? Ist sie glücklich? Gibt es Konflikte?

———————————————————————

3. Was wissen Sie über die Kindheit und den familiären Hintergrund Ihres Partners?

4. Wie beurteilen Sie die Familie Ihres Partners? Freuen Sie sich darauf, bald dazuzugehören? Haben Sie irgendwelche Ängste und Befürchtungen?

5. Wie soll Ihre Beziehung zwischen Ihnen als Paar und der Familie der Frau aussehen? Der Familie des Mannes? Wie häufig möchten Sie Ihre Eltern sehen? Wie nah bei ihnen möchten Sie wohnen?

6. Was soll in Ihrem Familienleben besonderen Vorrang haben? Wie viele Kinder möchten Sie haben? Was ist der Hauptgrund dafür, daß Sie Kinder haben wollen? Wenn Sie keine Kinder haben wollen, nennen Sie Ihre Gründe dafür.

Zur weiteren Lektüre

Horie, Michiaki: *Achtung: Fehlschaltung! Sind seelische Störungen vermeidbar?*, R. Brockhaus Verlag, Wuppertal und Zürich, 5. Auflage 1991

Horie, Michiaki: *Resignieren oder hoffen*, R. Brockhaus Verlag, Wuppertal 1978

Horie, Michiaki und Hildegard: *Umgang mit der Angst*, R. Brockhaus Verlag, Wuppertal und Zürich, 5. Auflage 1991

Larson, Bruce: *Kettenreaktion der Freude. Wie wir einander helfen können, freie Menschen zu werden*, R. Brockhaus Verlag, Wuppertal 1976

Trobisch, Walter / Conway, Jim u.a.: *Auch Eltern brauchen Liebe*, Verlag der Francke-Buchhandlung, Marburg/Lahn 1984

6. Finanzen

Jesus sprach während seines Erdenlebens sehr oft über den Umgang mit Geld und wies auf die Gefahren hin, die bei einem falschen Gebrauch der Güter entstehen. Das Prinzip des Himmels ist Freigebigkeit. In Johannes 3,16 lesen wir: »Denn also hat Gott die Welt geliebt, daß er seinen eingeborenen Sohn *gab,* damit alle, die an ihn glauben, nicht verloren werden, sondern das ewige Leben haben.« In der heutigen Zeit ist es immer noch nicht viel einfacher, mit dem Einkommen auszukommen und zufrieden zu sein mit dem, was Gott uns gibt.

Die Bibel sagt nicht, daß Geld die Wurzel aller Übel ist, sondern daß die »Habsucht eine Wurzel alles Übels« ist (1. Timotheus 6,10). Ein Blick in die Tageszeitung führt uns vor Augen, zu welch Schrecklichem Frauen und Männer aus Geldgier bereit sind. »Der sind einige verfallen und sind vom Glauben abgeirrt und machen sich selbst viele Schmerzen« (1. Timotheus 6,10). Vergewissern Sie sich, daß Sie und Ihr Partner sich darin einig sind, welchen Stellenwert materielle Dinge in Ihrer Ehe haben sollen.

Trotzdem hat Ihre Ehe von dem Augenblick an, da Sie Ihr erstes Hochzeitsgeschenk erhalten (ja, von dem Tag an, da Sie erstmals Hochzeitspläne schmieden), auch ganz konkret etwas mit Geld und materiellen Dingen zu tun.

Mit Geld und Besitz sollte man am besten so umgehen, daß man möglichst wenig daran denken muß. Ein Paar mit wenig Geld kann, ja muß unter Umständen viel mehr ans Geld denken als ein reiches Paar. Stellen Sie einen Haushaltsplan auf und besprechen Sie regelmäßig die Einnahmen und Ausgaben. Gönnen Sie sich den Freiraum eines Taschengeldes. Jeder in der Familie sollte ein Taschengeld haben, wirklich jeder. Diese Summe, mag sie noch so gering sein, kann die Möglichkeit haben, dem Druck der »normalen« Ausgaben zu entkommen und sich selbst oder dem Ehepartner eine Überraschung zu bereiten.

Unser Ziel ist es, das wirklich zu genießen, was Gott uns gegeben hat, und ihn darum zu bitten, daß wir damit zufrieden sein können (Philipper 4,11–12).

1. Wem gehört das Geld? Dem Mann? Der Frau? Beiden? Wer wird bestimmen, wie es ausgegeben wird? Warum?

_____

_____

_____

_____

2. Wenn Sie beide arbeiten, wird dann jeder von Ihnen bestimmen, wie sein eigenes Gehalt ausgegeben wird? Werden Sie alles zusammenwerfen und gemeinsam entscheiden? Oder haben Sie eine ganz andere Methode ins Auge gefaßt?

_____

_____

_____

_____

3. Wer wird die Rechnungen bezahlen? Wer wird die Lebensmittel einkaufen? Wer wird darauf achten, was für die einzelnen Familienglieder an Kleidung gekauft werden muß?

___

___

___

4. Wer muß sich darum kümmern, wenn Sie kein Geld mehr haben?

___

___

5. Wieviel Prozent Ihres Geldes werden Sie als Spenden weggeben? Wer wird entscheiden, wen Sie auf diese Weise unterstützen wollen?

___

___

___

6. Mit welchem Einkommen rechnen Sie in den nächsten Jahren? Was werden Sie mit dem machen, was Sie übrighalten?

___

___

___

Zur weiteren Lektüre

Lachmann, Werner: *Geld – und wie man damit umgeht,* Brunnen-Verlag, Gießen 1989

Burkett, Larry: *Ratgeber Christ und Geld,* Klaus Gerth Verlag, Aßlar, 2. Auflage 1990

Foster, Richard: *Geld, Sex und Macht,* Oncken Verlag, Wuppertal und Kassel, 2. Auflage 1993

Müller, Harry: *Eheseminar mit Pfiff. Damit die erste Ehe die einzige bleibt,* Hänssler-Verlag, Neuhausen-Stuttgart 1992

Sider, Ronald: *Der Weg durchs Nadelöhr. Reiche Christen und Welthunger,* Aussaat Verlag, Neukirchen-Vluyn, 5. Auflage 1986

7. Umgang mit der Zeit

Wir meinen oft, Geld sei das Wertvollste, was wir haben. Doch für manchen von uns ist Zeit in Wirklichkeit viel wertvoller als Geld. Wir hasten und hetzen und jagen Terminen nach, und mancher von uns würde einem Freund lieber einen Zehnmarkschein als eine Stunde Zeit schenken. Vielleicht sollten wir uns auch in dieser Hinsicht Jesu Worte aus Johannes 15,13 merken: »Niemand hat größere Liebe als die, daß er sein Leben läßt für seine Freunde.« Vermutlich werden wir nie in eine Situation geraten, in der wir vor der Entscheidung stehen, für unseren Ehepartner zu sterben. Aber mit Sicherheit wird immer wieder von uns erwartet werden, daß wir Dinge drangeben, um Zeit für den Partner zu haben.

1. Wieviel Zeit werden Sie Ihrer Schätzung nach durchschnittlich pro Woche gemeinsam verbringen?

---

2. Wieviel Zeit werden Sie für Gemeindeaktivitäten einsetzen?

Für Freunde?

Für Ihre Kinder?

Für die Hausarbeit?

___

Für Hobbys?

___

3. Was machen Sie gern in Ihrer Freizeit?

___

4. Was ist Ihre Idealvorstellung von einem »schönen freien Tag«? Einem »schönen freien Abend«?

___

___

5. Wie möchten Sie den Urlaub verbringen?

___

___

Zur weiteren Lektüre

Staub, Fredy: *Zielorientiert leben,* Verlag der Liebenzeller Mission, Bad Liebenzell 1990

8. Geistlich wachsen in der Ehe

Dieses Arbeitsbuch ist in Kapitel eingeteilt, damit wir die wichtigsten Bereiche des Ehelebens einigermaßen systematisch besprechen können. Nun ist allerdings das geistliche Wachstum nicht ein eigener Bereich, der von allen anderen isoliert ist. Im Gegenteil, unser Leben in Christus sollte jeden Aspekt unseres Denkens und Tuns durchdringen. Wir brauchen Kanäle, durch die Gott täglich in unser Leben hineinwirken kann. Drei solcher Kanäle erscheinen uns am wichtigsten: persönliche »Stille Zeit« mit Bibellesen und Beten, Bibellesen und Gebet in der Familie, Mitarbeit in einer Gemeinde.

Wie jeder Partner nach der Hochzeit weiterhin persönliche Freunde braucht, so braucht jeder weiterhin eine persönliche Beziehung zu Gott. Die persönliche Stille Zeit gehört mit zum Wichtigsten in Ihrer Ehe. Doch das wird nicht immer so sein. Wir hatten gegen Faulheit wie gegen Gesetzlichkeit zu kämpfen. »Ich bleibe heute morgen lieber noch etwas länger im Bett, anstatt meine Stille Zeit zu halten«, war der eine Pol; »Gott liebt mich nicht, wenn ich nicht jeden Morgen meine Stille Zeit halte«, der andere. Beide Extreme sind falsch.

Der Wendepunkt kam für uns, als wir davon überzeugt wurden, daß das Lesen des Wortes Gottes und einige Zeit im persönlichen Gebet zu den vorrangigen Dingen unseres täglichen Lebens gehören sollte. Daraufhin verpflichteten wir uns, einander zu helfen, daß wir die Zeit dazu fanden. Gelegentlich kommen wir einen oder zwei Tage nicht dazu, aber dann sorgen wir dafür, daß wir wieder in den Rhythmus kommen. Das kann bedeuten, daß Bob sich um die Kinder kümmert oder den Abwasch erledigt, während

Alice sich eine stille Ecke sucht. Oder daß Alice versucht, die Kinder ruhig zu halten, damit Bob sich für eine halbe Stunde zurückziehen und konzentrieren kann. Wir haben festgestellt, daß dieses Prinzip uns nicht nur in unserem persönlichen Wachstum gefördert hat, sondern daß wir dadurch auch als Paar zusammengewachsen sind.

Natürlich ist das geistliche Wachstum auch Familiensache. Wir haben gelernt, daß unsere Familienandacht flexibel sein muß. Wir mußten ausprobieren, lernen und uns anpassen, weil sich unsere Wohnverhältnisse, die Arbeitsstelle und die Kinder änderten. Manchmal unterhalten wir uns während einer Mahlzeit über einen Bibeltext oder einen biblischen Gedanken. Manchmal benutzen wir ein Andachtsbuch. Manchmal beten wir nur zusammen. Es gibt auch Zeiten, da brauchen wir eine Pause von den gewöhnlichen Andachten. Es ist jedoch immer unser Ziel, durch unsere Gespräche einander zu helfen, den Herrn besser kennenzulernen und die Bibel in unser tägliches Leben einzubeziehen.

Neben der persönlichen Beziehung zu Gott und der Familienandacht ist ein dritter Kanal, durch den Gott uns stärken will, die Gemeinde. Wir können nicht genug betonen, wie wichtig es ist, sich verbindlich einer Gemeinschaft von Christen in der eigenen Stadt anzuschließen. Die Bibel sagt deutlich: »Laßt uns aufeinander achtgeben und uns anspornen zur Liebe und zu guten Werken. Verlaßt eure Gemeindeversammlungen nicht, wie es sich einige angewöhnt haben, sondern ermahnt euch gegenseitig, und das um so mehr, als ihr seht, daß sich der Tag naht« (Hebräer 10,24–25).

1. Was ist bisher Ihre Erfahrung mit der Stillen Zeit gewesen?

Was würden Sie nach Ihrer Hochzeit gern in dieser Hinsicht tun?

Wie kann Ihnen Ihr Partner helfen, täglich Stille zu finden?

2. Lesen Sie 5. Mose 6,4–9. Was ist der Sinn der Familienandacht? Was gehört alles dazu? Wie, meinen Sie, können Sie den Aufforderungen dieses Bibeltextes Folge leisten?

Wer wird für Ihre Familienandacht zuständig sein? Warum?

Soll sie eine feste Form haben oder nicht?

3. Welche Art von Gemeinde oder Kirche hilft Ihnen geistlich gesehen am meisten (groß, klein; Volkskirche, Freikirche; liturgisch, spontan)?

Welchen Standpunkt sollte die Gemeinde, der Sie sich anschließen, zu wichtigen lehrmäßigen Fragen einnehmen (Göttlichkeit Christi, Autorität der Heiligen Schrift usw.)?

Glauben Sie, daß Jesus der einzige Weg zu Gott ist? Wie wird das Ihre Gemeindezugehörigkeit und Ihr Familienleben beeinflussen?

Warum gehen Sie zur Kirche? Beschreiben Sie, wie Sie sich Ihr Engagement in der Gemeinde vorstellen!

Zur weiteren Lektüre

Kuen, Alfred: *Mit Gewinn die Bibel lesen,* Bibellesebund, Winterthur 1979

Trobisch, Walter: *Kleine Therapie für geistliche Durststrecken,* R. Brockhaus Verlag, Wuppertal und Zürich, 7. Auflage 1990

Tobler, Gustav: *Lebenswerter Leben,* Bd. 1-3, Saatkorn-Verlag, Hamburg o.J.

Thiele, Johannes (Hrsg.): *Das große Hausbuch,* Kreuz Verlag, Stuttgart 1991

9. Stimmungen und Gefühle

Bestimmt sind in Ihrer Beziehung schon die ersten Tränen geflossen. Wenn nicht, dann machen Sie sich darauf gefaßt! Vor allem rechnen Sie aber mit einer Überraschung, wenn Sie Ihrer Geliebten ein Tempotuch gereicht haben und dann erfahren, warum sie Tränen vergossen hat! Tränen entspringen eben nicht nur schmerzlichen Empfindungen, sondern sie können auch durch ein Gefühl der Freude ausgelöst weden – durch alle möglichen Emotionen, die einfach ein Ventil brauchen. (Im übrigen neigt sich die Epoche, in der der Satz galt »Indianer, Jungen und Männer weinen nicht« offenbar glücklicherweise ihrem Ende zu!)

Wenn es eine Möglichkeit gäbe, unsere individuellen Stimmungen und Gefühle sichtbar zu machen, dann würden mit Sicherheit alle Menschen gefühlsmäßig ebenso unterschiedlich »aussehen«, wie sie es physisch tun. Es wird eine Ihrer Aufgaben in der Ehe sein, die emotionale Beschaffenheit Ihres Partners, die der Schöpfer ihm gegeben hat, kennenzulernen und zu fördern.

Bedenken Sie, daß Gefühle, Tränen und Gemütsbewegungen an sich nicht richtig oder falsch, recht oder unrecht sind. Sie sind das Barometer dessen, was in einem Menschen vorgeht. Was diese Emotionen hervorruft und was wir dann damit machen, darauf kommt es an. So sagt die Bibel beispielsweise: »Zürnt ihr, so sündigt nicht« (Epheser 4,26; Psalm 4,5). Das Gefühl des Zorns ist an sich keine Sünde. Ob wir sündigen oder nicht, hängt davon ab, was wir mit unserem Zorn machen. Können wir ihn äußern, ohne den anderen zu verletzen? Ein anderes Beispiel ist Jeremia, der in Klagelieder 3,17 von seiner Niedergeschlagenheit und Freudlosigkeit spricht: »Meine Seele ist aus dem Frieden vertrieben; ich habe das Gute vergessen.« Diese Gefühle sind nicht Sünde. Wichtig ist, was Jeremia mit seinen Gefühlen machte.

In Ihrer Ehe wird es Ängste, Frustrationen und Spannungen geben, die jeder von Ihnen für sich erleben wird. Ziel der Ehe darf es nicht sein, den Partner der eigenen emotionalen Grundstruktur anzupassen. Wir müssen vielmehr die Gefühle des anderen zu verstehen versuchen, müssen Verständnis dafür aufbringen lernen, warum der Partner in einer bestimmten Weise gefühlsmäßig reagiert, und dann einander dabei helfen, mit diesen Gefühlen richtig, das heißt in Christus gemäßer und Gott gehorsamer Art umzugehen. Dazu werden Sie vermutlich viele Fragen stellen müssen. Sie werden zuhören müssen, ohne zu verurteilen. Sie werden behutsame Vorschläge machen können – doch die Veränderungen werden Sie dem Heiligen Geist überlassen müssen.

Unterhalten Sie sich zunächst einmal über die beiden folgenden Checklisten:

1. Ich halte mich selbst für
   - ☐ launisch
   - ☐ leicht erregbar
   - ☐ ruhig
   - ☐ empfindsam
   - ☐ anpassungsfähig
   - ☐ beständig
   - ☐ unempfindlich
   - ☐ streng
   - ☐ fröhlich
   - ☐ traurig

Kreuzen Sie an, welche dieser Eigenschaften auf Sie zutreffen, und fügen Sie andere hinzu.

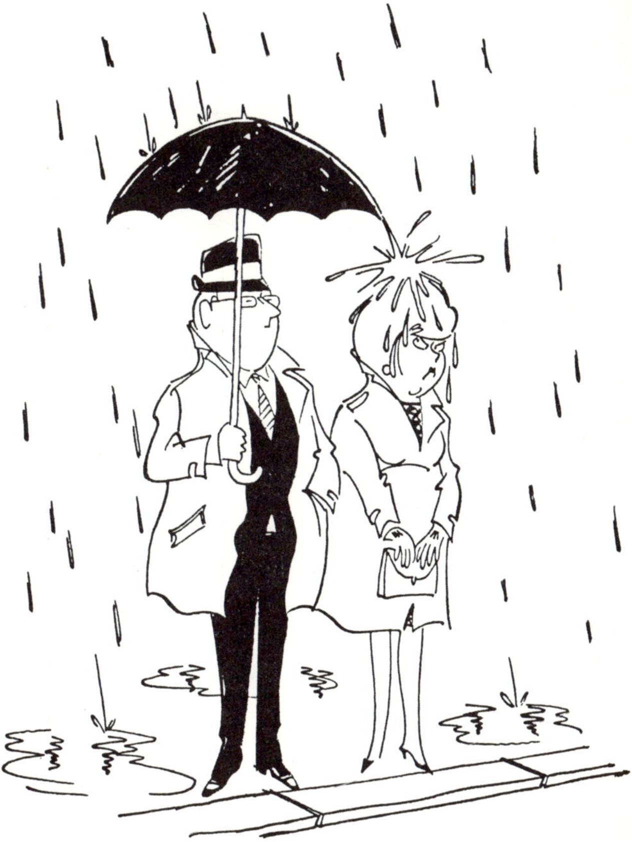

Nennen Sie für jede zutreffende Eigenschaft wenigstens ein Beispiel, wie sie sich konkret bei Ihnen geäußert hat und warum Sie so empfunden und gehandelt haben.

_____

_____

_____

_____

_____

_____

_____

2. Ich halte meine(n) Verlobte(n) für
- ☐ launisch
- ☐ leicht erregbar
- ☐ ruhig
- ☐ empfindsam
- ☐ anpassungsfähig
- ☐ unbeständig
- ☐ unempfindlich
- ☐ streng
- ☐ fröhlich
- ☐ traurig

Kreuzen Sie an, welche dieser Eigenschaften auf Ihre(n) Verlobte(n) zutreffen, und fügen Sie andere hinzu.

Nennen Sie für jede zutreffende Eigenschaft wenigstens ein Beispiel, wie sie sich konkret bei Ihrer (Ihrem) Verlobten geäußert hat und warum sie (er) wohl so empfunden und gehandelt haben mag.

_____

_____

_____

_____

_____

_____

_____

3. Mein größtes emotionales Bedürfnis ist:

_____

4. Das größte emotionale Bedürfnis meines Partners ist:

_____

5. Lesen Sie Psalm 77. Beschreiben Sie die Gemütsverfassung dieses Beters in den Versen 1-11!

_____

_____

Wann fühlen Sie sich ähnlich?

___

___

Welcher Gedanke in den Versen 12–21 hilft dem Beter des Psalms, seine Verzweiflung in Hoffnung zu verwandeln?

___

___

___

Was tröstet Sie, wenn Sie verzweifelt sind?

___

___

6. Lesen Sie als Kontrast zu Psalm 77 den Psalm 149. Beschreiben Sie die Gemütsverfassung dieses Beters.

___

___

Wann haben Sie das Bedürfnis, Gott singend, musizierend und tanzend zu loben?

___

___

Schreiben Sie einen kurzen Lob- und Freudenpsalm über Ihre Verlobung.

_____

_____

_____

_____

_____

_____

_____

_____

_____

7. Wie gut gelingt es Ihnen, Freude, Traurigkeit und Zorn auszudrücken? Wie gut schafft das Ihr(e) Verlobte(r)? Was können Sie tun, um sich gegenseitig in diesem Bereich in Ihrer Ehe zu helfen?

_____

_____

Zur weiteren Lektüre

Hallesby, Ole: *Dein Typ ist gefragt. Unsere Veranlagungen und was wir daraus machen*, R. Brockhaus Verlag, Wuppertal und Zürich, 6. Auflage 1988

Trobisch, Walter: *Liebe dich selbst. Selbstannahme und Schwermut*, R. Brockhaus Verlag, Wuppertal und Zürich, 19. Auflage 1989

10. Die körperliche Beziehung während der Verlobungszeit

Man sollte eigentlich meinen, dank der vielzitierten »sexuellen Befreiung« seien junge Paare heute besser denn je vorbereitet, ihre Ehe von Anfang an in sexueller Hinsicht als beglückend zu erleben. Schreiende Plakate, eine erotische Werbung und Filme »nur für Erwachsene« haben jedoch wenig mit der Wirklichkeit der Ehe zu tun. Sie haben uns den Blick dafür getrübt, wie schön es ist, in die geschlechtliche Gemeinschaft der Ehe hineinzuwachsen, wie es die Bibel beschreibt.

In der Bibel wird für den Geschlechtsverkehr oft das Wort »erkennen« gebraucht (zum Beispiel 1. Mose 4,1: »Und Adam erkannte sein Weib Eva, und sie ward schwanger...«). Dies ist ein schöner Hinweis darauf, daß Sexualität über das rein Körperliche hinausgeht, daß die Freude an der Geschlechtlichkeit mit dem immer besseren Kennenlernen des Partners wächst und der Geschlechtsverkehr nur im Rahmen der geborgenen und vertrauten Partnerschaft einer Ehe seine eigentliche Erfüllung erreicht.

Wie in anderen Bereichen der Ehe, werden Sie auch auf dem Gebiet der Sexualität lernen und wachsen. Sie werden Fehler machen und sich korrigieren lassen müssen. Sie sollten während Ihrer Verlobungszeit auch viel über diesen Lebensbereich sprechen und sich darüber unterhalten, was Sie in Ihrer Ehe erwarten, wünschen und zu geben bereit sind. Die Verlobungszeit sollte eine Zeit sein, in der Sie sich immer näher kommen. Bis zu einem gewissen Grad wird sich dieses Näherkommen auch auf einer körperlichen Ebene abspielen.

Im Gegensatz zu unserer Gesellschaft sind wir jedoch überzeugt, daß die Bibel die völlige körperliche Intimität der Ehe vorbehält. Oft fragen Verlobte: »Warum sollten wir mit dem Geschlechtsverkehr bis zur Ehe warten? Wir sind doch nun eine feste Bindung eingegangen?« Das ist eine schwierige Frage. Die Bibel gibt keine ausdrücklichen Anweisungen für die Zeit des Kennenlernens und der Verlobung. Aber das Schweigen der Bibel zu diesem Fragenkreis bedeutet nicht, daß es Gott gleichgültig ist, wie wir unsere Beziehung gestalten, solange wir »zusammen gehen« oder verlobt sind. Unsere Beziehung vor der Ehe soll uns in all ihren Facetten auf eine biblisch fundierte Beziehung in der Ehe vorbereiten.

Die Bibel sagt klar, daß zu den sexuellen Beziehungen in der Ehe drei Merkmale gehören: Sie sind exklusiv, ganz offen und vertrauensvoll (intim) und auf lebenslange Dauer angelegt. Im Alten und Neuen Testament werden Ehebruch, vorehelicher Geschlechtsverkehr, Prostitution und Vergewaltigung verboten. Sprengen wir in unserer Verlobungszeit diesen Rahmen, nennt die Bibel das Sünde.

Unsere Gesellschaft verkündet, Liebe sei die einzige Vorbedingung für den Geschlechtsverkehr. Die Bibel lehrt, daß die vorbehaltlose Bindung an den Partner, wie sie nun einmal die Ehe darstellt, die Voraussetzung für den Geschlechtsverkehr ist. Spitzfindige Argumente (»Wir lieben einander doch und werden nächsten Monat heiraten«) und gesellschaftlicher Druck (»Alle anderen tun es doch auch«) müssen beiseitegeschoben werden, wenn wir dem Herrn der Heiligen Schrift gehorchen wollen.

Das christliche Paar, das beschlossen hat, mit dem Geschlechtsverkehr bis zur Ehe zu warten, mag dann vielleicht fragen: »Was ist denn während der Verlobungszeit gestattet?« Auch das ist eine schwierige Frage! Allerdings:

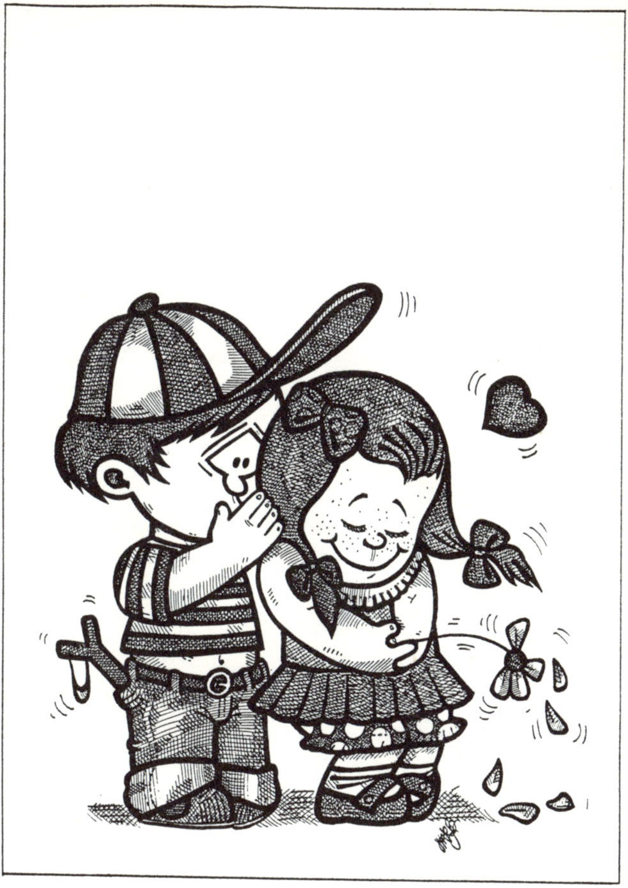

Wer nun einmal zur vorehelichen Enthaltsamkeit ja gesagt hat, der wird sich vor allzu weitgehenden Liebkosungen und körperlichen Kontakten hüten müssen. Walter Trobisch hat auf diese Frage einmal geantwortet, Zärtlichkeiten würden dann »gefährlich«, wenn man sich zusammmen hinlege oder auch nur ansatzweise beginne, sich auszuziehen. Er sagte weiter: »Es ist sehr schwierig, allgemeingültige Regeln aufzustellen, die für jedermann zutreffen würden. Doch folgendes kann richtungsweisend sein: Wer das empfindsamere Gewissen hat, sollte dem anderen helfen.« Wir möchten noch einen weiteren Leitsatz hinzufügen: »Im Zweifelsfalle nie.« Man ist nicht vor Gott verheiratet, wenn man miteinander schläft. Die Ehe für Christen beginnt vor Zeugen auf dem Standesamt und in der Kirche.

Überhaupt ist die Frage: »Womit kommen wir gerade noch durch?« eigentlich unangemessen. Wir sollen lieber fragen: »Wie können wir die Verlobungszeit nutzen, um uns auf das bestmögliche Erleben der Sexualität in der Ehe vorzubereiten?« Wir haben viele Ehepaare nach den eigenen Erfahrungen gefragt, und immer wieder gehört: »Warten ist die beste Vorbereitung.« Wir haben noch nie ein Paar getroffen, das es bereut hat, gewartet zu haben – nicht nur mit dem Geschlechtsverkehr, sondern auch mit anderen intimen Zärtlichkeiten. Wir sind jedoch vielen Paaren begegnet, die es bedauerten, daß es vor der Ehe zu so viel körperlicher Intimität gekommen war. Jeder Mensch hat ein von Gott geschenktes Schamgefühl. Wird es durch die voreheliche, intime Beziehung verletzt, hat das Folgen in der Ehe. Ein Satz wird im Hohelied Salomos dreimal wiederholt: »Ich beschwöre euch, daß ihr die Liebe nicht aufweckt und stört, bis es ihr selbst gefällt.«

Wer die intime Beziehung zu früh »aufweckt« und die geistige und geistliche Beziehung schlafen läßt, kann nur auf Umwegen zu einer vollkommenen und freien Hinwendung zum Partner kommen.

Die Sexualmoral unserer Gesellschaft ändert sich ständig. Christliche Paare haben zwar feste biblische Normen, an die sie sich halten können, aber sie geraten unweigerlich ins Kreuzfeuer säkularer Argumente. Deshalb lassen sich keine starren Regeln für die Verlobungszeit aufstellen. Manche Paare sind so übervorsichtig, daß sie Hilfe brauchen, um den Weg in die Freiheit der Ehe zu finden. Andere Paare sind das genaue Gegenteil und müssen zunächst einmal um Vergebung für vergangene Sünden bitten und dann beginnen, eine gesunde, biblische Haltung der Sexualität gegenüber aufzubauen.

Unter Berücksichtigung dieser Einschränkungen wollen wir im folgenden einige allgemeine Leitlinien geben, die Sie auf Ihre eigene Partnerschaft anwenden können. Wir wünschen Ihnen, daß Sie mit derselben Freude die Ehe beginnen, die Sulamit im Hohenlied ausdrückt: »Mein Freund komme in seinen Garten und esse von seinen edlen Früchten« (Hoheslied 4,16).

1. Ausgehend von der biblischen Anweisung, daß die »Ehe in Ehren gehalten werde« und das »Ehebett rein bleiben« soll (Hebräer 13,4), besprechen Sie offen miteinander, welche körperlichen Ausdrucksformen Ihrer Liebe nach Ihrem Bibelverständnis der Ehe vorbehalten bleiben sollen. Bekennen Sie, jeder für sich oder gemeinsam, wo Sie gesündigt haben.

2. Sagen Sie einander, welche Situationen oder Gesprächsthemen, welche Kleidung oder welches Verhalten Sie zu sehr stimulieren, so daß es Ihnen schwergemacht wird, bis zur Ehe zu warten.

Vermeiden Sie Situationen, die Sie zu sehr stimulieren. (Wir meinen wirklich *vermeiden*! Wir kennen unverheiratete christliche Paare, die Gott danken, daß sie im gleichen Bett schlafen können, ohne miteinander zu schlafen. Das halten wir für ein Spiel mit dem Feuer, und es widerspricht dem Geist der göttlichen Gebote, wenn auch der Buchstabe befolgt wird. Lassen Sie sich während Ihrer Verlobungszeit nicht auf intime Situationen ein, die Ihre Kräfte übersteigen!)

3. Sprechen Sie miteinander über Möglichkeiten, Ihre Liebe auszudrücken, ohne daß es zu einem Zuviel an körperlicher Nähe kommt. So kann beispielsweise eine liebevolle Umarmung am frühen Abend das »Ich liebe dich« so deutlich zum Ausdruck bringen, daß eine intimere Demonstration der Liebe später am Abend gar nicht mehr so nötig ist.

4. Eine gute Vorbereitung auf die Ehe kann es auch sein, gemeinsam laut ein gutes Ehe- und Aufklärungsbuch zu lesen. Am Schluß dieses Kapitels finden Sie einige Vorschläge. Wenn Sie einander laut vorlesen, hören Sie sich selbst vielleicht Ausdrücke verwenden, die Ihnen seltsam, ja sogar gewagt vorkommen. Indem Sie aber die treffendsten Ausdrücke für den sexuellen Lebensbereich verwenden lernen, wird es Ihnen leichter fallen, sich ehrlich und präzise über Ihre eigenen Vorstellungen und Wünsche zu unterhalten. (Vermutlich sollten Sie allerdings die Fülle Ihres Lesestoffes während Ihrer Verlobungszeit begrenzen. Je nachdem, wieviel Sie vorher gelesen oder miteinander besprochen haben, könnten Sie nämlich feststellen, daß selbst biblisch fundierte Bücher über Sexualität zu stimulierend für Ihre Beziehung sind. Vielleicht warten Sie dann damit bis kurz vor der Hochzeit. Und gewiß werden Sie auch später noch viel Zeit haben, solche Bücher zu lesen.)

5. Erinnern Sie einander ständig daran, daß das Schönste noch kommen wird. Die sexuellen Spannungen machen

diese Phase Ihrer Beziehung zu einer der schwierigsten. Erinnern Sie sich gegenseitig daran, daß dieser Zustand nicht ewig währen wird. Was für eine Freude werden Sie in der Hochzeitsnacht und danach erleben, wenn Sie sagen können: »Darauf haben wir die ganze Zeit gewartet!«

Sie sollten ferner miteinander über folgende Fragen sprechen:

1. Welche Art des körperlichen Kontaktes haben Sie in Ihrer Beziehung bisher am liebsten gehabt?

_____

_____

2. Ihre körperlichen Kontakte steuern ja auf die volle körperliche Vereinigung in der Ehe zu. Gibt es in dieser Hinsicht bei Ihnen irgendwelche Ängste?

_____

_____

_____

Wie können sie überwunden werden?

_____

_____

_____

3. Worauf freuen Sie sich in bezug auf Ihre sexuelle Beziehung innerhalb der Ehe am meisten?

_____

_____

4. Wie denken Sie über Empfängnisverhütung? Halten Sie sie in erster Linie für die Aufgabe des Mannes oder der Frau? Erwarten Sie, daß Sie sich bei einer bestimmten Methode am wohlsten fühlen? Bei welcher? Möchten Sie verschiedene Methoden der Empfängnisverhütung kombinieren?

_____

_____

_____

_____

_____

_____

Wir empfehlen Ihnen dringend, daß Sie mit Ihrem Arzt und Ihrem Eheberater verschiedene Methoden der Empfängnisverhütung durchsprechen. Darüber hinaus sollten Sie ein oder zwei gute Bücher zum Thema »Empfängnisverhütung« lesen. Wir empfehlen Ihnen, auch die Methode in Erwägung zu ziehen, die Ingrid Trobisch in *Mit Freuden*

Frau sein, Bd. I und II, beschreibt. Selbst wenn Sie sich nicht für diese Methode entscheiden, wird Ihnen das Buch ein größeres Verständnis geben für die Veränderungen, die sich jeden Monat im Körper der Frau vollziehen.

Zur weiteren Lektüre

Verhalten vor der Ehe

Trobisch, Walter: *Ich liebte ein Mädchen. Ein Briefwechsel*, Verlag Vandenhoeck & Ruprecht, Göttingen, 14. Auflage 1989

Trobisch, Walter: *Liebe ist ein Gefühl, das man lernen muß*, R. Brockhaus Verlag, Wuppertal und Zürich, 18. Auflage 1992

Furch, Wolfgang (Hrsg.): *Warum bis zur Ehe warten?*, R. Brockhaus Verlag, Wuppertal und Zürich, 3. Auflage 1992

Sexualität in der Ehe

LaHaye, Tim und Beverly: *Wie schön ist es mit dir*, Verlag Klaus Gerth, Aßlar, 5. Auflage 1992

Dillow, J.C.: *Und die zwei werden sein ein Fleisch*, Leonis-Verlag, Zürich 1992

Bovet, Theodor: *Die Ehe*, Katzmann Verlag, Tübingen, 3. Auflage 1984

Empfängnisverhütung

Trobisch, Ingrid: *Mit Freuden Frau sein, Bd. I*, R. Brockhaus Verlag, Wuppertal und Zürich, 25. Auflage 1990

Trobisch, Ingrid / Rötzer, Elisabeth: *Mit Freuden Frau sein, Bd. II*, R. Brockhaus Verlag, Wuppertal und Zürich, 13. Auflage 1990

Windecker, Ottfried: *Geburtenregelung für Christen*, Schwengeler-Verlag, CH-Berneck, 3. erweiterte Auflage 1988

Rötzer, Josef: *Natürliche Empfängnisregelung*, Herder Verlag, Wien, 20. Auflage 1990

11. Die Hochzeitsfeier

Eine Hochzeit gleicht in gewisser Hinsicht einer Schulabschlußfeier. In einer großen Zeremonie wird offiziell die vorausgegangene Arbeit an einer Sache bestätigt und ein neuer Lebensabschnitt eingeleitet.

Solche öffentlichen Feiern gab es schon zur Zeit des Alten Testaments bei vielen wichtigen Gelegenheiten. Obwohl diese »Feiertage« funktionell nicht nötig waren, bekräftigten sie die Bedeutung dessen, was gefeiert wurde. Es ist bezeichnend, daß die triumphale Vereinigung Jesu Christi mit seiner Gemeinde in Offenbarung 19 als Hochzeitsfeier beschrieben wird.

Wie Sie Ihre Hochzeit feiern wollen, ob einfach oder extravagant, mit wenigen oder vielen Freunden, still oder mit Pauken und Trompeten – sorgen Sie dafür, daß Ihre Hochzeit Ihr uneingeschränktes und bedingungsloses Ja zueinander zum Ausdruck bringt und den Dank Gott gegenüber, der Sie zusammengeführt hat.

1. Für wen ist die Hochzeit Ihrer Meinung nach in erster Linie da?

- ☐ die Braut
- ☐ den Bräutigam
- ☐ Braut und Bräutigam zusammen
- ☐ Ihre Eltern
- ☐ Ihre Freunde
- ☐ die Kirche
- ☐ den Staat
- ☐ andere

2. Wer wird bei den Entscheidungen in bezug auf Ihre Hochzeitsfeier das letzte Wort haben?
- ☐ die Braut
- ☐ der Bräutigam
- ☐ Braut und Bräutigam zusammen
- ☐ die Mutter der Braut
- ☐ der Pfarrer
- ☐ der Vater der Braut
- ☐ die Eltern des Bräutigams
- ☐ andere

Denken Sie daran, daß in jeder Familie viele Hochzeitstraditionen in Ehren gehalten werden. Ganz gleich, wer seine Vorstellungen von einer Hochzeitsfeier verwirklicht, die Entscheidungen sollten Respekt und Liebe für jeden Beteiligten beweisen. Nicht jede Entscheidung wird jedermann gefallen. Es ist deshalb wichtig, daß Sie jetzt besonders liebevoll und ehrlich mit Ihren Eltern umgehen.

3. Wer wird die Hochzeit bezahlen?

―――――――――――――――――――――――――――――

Schreiben Sie alle Ausgaben für Ihre Hochzeit auf. Denken Sie an den Empfang, Blumen für die Kirche, kleine »Aufmerksamkeiten« für besondere Dienste usw. Notieren Sie, welche Ausgaben unumgänglich sind und auf welche Sie im Notfall verzichten können. Sprechen Sie Ihre Liste mit demjenigen durch, der die Rechnungen bezahlen wird.

――――――――――――   ――――――――――――

――――――――――――   ――――――――――――

4. Welche Atmosphäre soll bei Ihrer Hochzeit herrschen? Soll es ruhig zugehen, persönlich, fröhlich, feierlich, festlich?

Welche Elemente können Sie in die Feier einfügen, um diese Atmosphäre zu schaffen?

5. Welche Rolle wird Musik auf Ihrer Hochzeit spielen? Welche Lieder sollen gesungen werden?

_____

_____

_____

_____

6. Welche Rolle werden Kleider, Blumen, Kerzen und Schmuck auf Ihrer Hochzeit spielen?

_____

_____

_____

7. Wir empfehlen Ihnen, Ihr eigenes Ehegelöbnis zu formulieren und aufzuschreiben. Das kann ganz wichtig für Ihre Beziehung sein, und Sie können in Ihrem gemeinsamen Leben immer wieder darauf zurückkommen. Wenn Sie sich diesen Vorschlag zu eigen machen wollen, dann versuchen Sie, sich an die wichtigsten Dinge zu erinnern, die Sie in der Vorbereitung auf Ihre Ehe besprochen haben. Welches sind Ihre vorrangigen Ziele und Werte?

_____

_____

_____

_____

_____

Formulieren Sie diese nun als Versprechen, das Sie einander geben.

_____

_____

_____

_____

_____

_____

8. Was soll der Pastor in seiner Trauansprache betonen?

_____

_____

_____

_____

Besprechen Sie diese Dinge so früh wie möglich mit demjenigen, der Sie trauen wird, damit er sich entsprechend vorbereiten kann. Sollte er irgendwelche Bedenken und Einwände haben, nehmen Sie diese ernst!

9. Denken Sie darüber nach, wie die verschiedenen Gäste (auch Ihre Familie) wohl auf Ihr Programm reagieren werden. Gibt es etwas, was unnötig jemanden vor den Kopf stoßen könnte?

_____

_____

(Nach unserer Erfahrung ist das wirksamste Zeugnis der Liebe Gottes eine Trauung, in der Gott von Herzen gedankt wird, und nicht eine Trauung, die zur Evangelisation »umfunktioniert« wird.)

10. Wie können Sie erreichen, daß Ihre Feier anderen das mitteilt, was Sie gern mitteilen möchten?

_____

_____

_____

Zur weiteren Lektüre

Standesämter und Banken haben kostenlose Unterlagen, die helfen können, die notwendigen Papiere zur standesamtlichen Trauung nicht zu übersehen und die auch auf die Ausstattung einer Hochzeitsfeier eingehen.

12. Flitterwochen

Wenn die Wochen der Vorbereitung, die Trauung und die Hochzeitsfeier vorbei sind, werden Sie erschöpft sein! Mit Sicherheit werden Sie sich danach sehnen, allein zu sein und Ihre wohlverdienten Flitterwochen anzutreten. Doch welch eine Überraschung muß einer unserer Freunde erlebt haben, der nach der Rückkehr von seiner Hochzeitsreise ehrlich bekannte: »Ich bin so froh, daß ich außer meiner Frau wieder andere Menschen sehe. Es ist uns so allein schrecklich langweilig geworden!«

Wie tief Ihre Liebe auch sein mag, und wie sehr Sie sich auch freuen mögen – eine Hochzeitsreise will von beiden sorgfältig geplant sein. Denken Sie über die folgenden Vorschläge nach, wenn Sie sich einige Wochen vor Ihrer Hochzeit hinsetzen und Ihre Hochzeitsreise planen.

1. Sagen Sie einander ehrlich und konkret, was Sie von Ihrer Hochzeitsreise erwarten und was Sie unternehmen möchten. Haben Sie den Mut, Ihre eigenen Wünsche zu äußern und nicht aus lauter Verliebtheit nur das zu sagen, was der andere Ihrer Meinung nach von Ihnen hören möchte.

2. Planen Sie Ihre Hochzeitsreise so, daß Sie auch genügend Zeit zur Ruhe und Entspannung haben. Sie werden beides brauchen! Dies ist nicht die richtige Gelegenheit, die Kulturdenkmäler Europas abzuklappern.

3. Es gibt Paare, die sich über die Stille und Abgeschlossenheit einer Berghütte freuen; doch viele ziehen einen Ort vor, wo sie Menschen treffen können, wenn ihnen danach zumute ist. Manche entscheiden sich sogar für Flitterwochen in ihrem neuen Heim. Worauf Sie sich auch einigen mögen, nehmen Sie sich vor, wenigstens einige Male aus-

wärts zu essen, einige Sehenswürdigkeiten anzusehen oder einige Male einen Stadtbummel zu machen! Wenn eben möglich, sollte die frischgebackene Ehefrau in den Flitterwochen nicht dreimal täglich kochen müssen, es sei denn, sie kocht liebend gern oder es ist finanziell nicht anders möglich. (Und selbst wenn sie gern kocht, spült sie bestimmt nicht gern!)

4. Überlegen Sie sich, wieviel Ihre Hochzeitsreise kosten darf, und dann geben Sie diesen Betrag auch fröhlich aus! Wenn Sie jeden Pfennig umdrehen müssen, dann gehen Sie lieber an einen preiswerten Ort, wo Sie für das gleiche Geld mehr bekommen! Doch denken Sie daran, daß dies vermutlich das letzte Mal in Ihrer Ehe ist, daß Sie so sorglos leben können! Sie sollten sich auf Ihrer Hochzeitsreise auch einiges Besonderes leisten, selbst wenn Sie dann nur etwas kürzer fahren können. Und sprechen Sie offen über Ihre Finanzen! Auch hier wird ein Taschengeld jedem helfen, sich auch das Andenken zu kaufen, für das der andere kein Verständnis hat.

5. Machen Sie sich vorher Gedanken über die Hochzeitsnacht! Wir haben festgestellt, daß es für die meisten jungen Paare eine Befreiung von Ängsten und Verkrampfung bedeutet, wenn man vorher darüber gesprochen hat, was jeder von beiden möchte und erwartet. Besprechen Sie lange im voraus, wie Sie sich den Abend und die Nacht nach Ihrer Hochzeit vorstellen! Dadurch wird der Abend vermutlich gerade romantischer, weil Sie keine Angst vor dem Unbekannten zu haben brauchen. Denken Sie übrigens daran, daß es dem Mann normalerweise leichter fällt, sich vor der Frau auszuziehen, als der Frau vor dem Mann. Vielleicht entschließen Sie sich, allein im Bad in Ihr Nachthemd oder Ihren Schlafanzug zu schlüpfen und dann so zu Ihrer ersten gemeinsamen Nacht zu erscheinen. Vielleicht

beschließen Sie sogar, in der ersten Nacht noch keinen Geschlechtsverkehr zu haben. Es gibt soviel zu entdecken, daß Sie sich ruhig Zeit nehmen sollten. Im übrigen sind Sie vermutlich so müde, daß es gar keine schlechte Idee ist, sich zunächst einmal gründlich auszuschlafen. Was Sie auch beschließen mögen, denken Sie daran, daß Sie niemandem Rechenschaft schuldig sind, keinem Leistungszwang unterliegen oder irgendein Buch oder einen anderen Menschen zu kopieren brauchen! Wenn Sie im voraus offen und ehrlich darüber sprechen, dann kann Ihre Hochzeitsnacht für Sie beide ein fröhliches und unvergeßliches Erlebnis sein.

1. Was erwarten Sie von Ihrer Hochzeitsreise?

___

___

2. Was möchte jeder von Ihnen am liebsten während der Flitterwochen unternehmen?

___

___

___

3. An was für einen Ort möchten Sie reisen? An einen Ort, wo möglichst viel oder möglichst wenig Leute sind?

___

___

Wieviel Geld können Sie ausgeben?

___

Wie lange sollen Ihre Flitterwochen dauern?

___

Wieviel möchten Sie unternehmen (Sehenswürdigkeiten besichtigen usw.)?

___

___

Würden Sie lieber einmal in einem teuren Restaurant essen, oder lieber das Geld für zwei halb so teure Mahlzeiten ausgeben?

4. Was wird Ihnen in der Hochzeitsnacht helfen, Ihre bisherige Zurückhaltung aufzugeben und sich einander körperlich ganz hinzugeben?

Welche Rolle werden Zärtlichkeiten in Ihrer Hochzeitsnacht spielen?

Was erwarten Sie von sich selbst? Von Ihrem Partner? Was für Ängste haben Sie?

Zur weiteren Lektüre

LaHaye, Tim und Beverly: *Wie schön ist es mit dir,* Verlag Schulte und Gerth, Aßlar, 15. Auflage 1992

13. Lösen von Konflikten

Die Beziehung zwischen Ehepartnern entwickelt sich unmerklich zu einem festen Muster. Ohne uns ständig ängstlich selbst zu beobachten, müssen wir doch darauf achten, daß unsere Art, miteinander umzugehen, gesund und Gott wohlgefällig bleibt.

Schon nach wenigen Wochen oder Monaten des Ehelebens bewegt sich die Beziehung in den ersten festgefahrenen Gleisen. Dieses Kapitel und die nächsten beiden wollen Ihnen weiterhelfen, wenn Sie bereits einige Monate verheiratet sind.

Hier möchten wir Ihnen Mut machen, einmal ein paar Probleme anzupacken, die gerade in Ihrer Ehe aufgetaucht sind. Wir schlagen Ihnen vor, über drei Probleme nachzudenken; aber vielleicht fällt Ihnen nur eins ein: Wichtig ist, daß Sie ehrlich und offen über alles sprechen, was Ihnen einfällt.

1. Schreiben Sie drei wichtige oder weniger wichtige Dinge auf, die Sie seit Ihrer Hochzeit frustriert haben!

_____

_____

_____

_____

_____

_____

_____

2. Was haben Sie selbst bei diesen Problemen empfunden wie haben Sie darauf reagiert?

_____

_____

_____

_____

_____

3. Unterhalten Sie sich gemeinsam über die Probleme und schreiben Sie auf, auf welche Schritte Sie sich geeinigt haben, um diese Probleme zu lösen.

4. Beenden Sie Ihr Problemlösungs-Gespräch damit, daß jeder dem anderen drei Dinge sagt, die er seit der Hochzeit am andern entdeckt hat und die er besonders an ihm liebt.

_____

_____

_____

_____

_____

_____

_____

Zur weiteren Lektüre

Ruthe, Reinhold: *Duett statt Duell,* R. Brockhaus Verlag, Wuppertal und Zürich, 2. Auflage 1990

Müller, Harry: *Eheseminar mit Pfiff,* Hänssler-Verlag, Neuhausen-Stuttgart 1992

14. Sexualität in der Ehe

Wie war Ihre Hochzeitsnacht? So schön, wie Sie sie erwartet hatten? Vermutlich noch viel schöner. Vielleicht hat sie aber auch nicht Ihre Hoffnungen erfüllt.

Das Sich-aufeinander-Einspielen im sexuellen Bereich ist vielleicht mehr als jeder andere Bereich der ehelichen Beziehung durch die Höhen der Ekstase wie durch die Tiefen der Verzweiflung charakterisiert. Dies wird zusätzlich dadurch erschwert, daß jede sexuelle Beziehung etwas ganz Einzigartiges und Privates ist. Wer könnte einem anderen beschreiben, wie wunderbar sie ist? Oder wer könnte Ihre Probleme auf diesem Gebiet ganz verstehen?

Sollten Sie zufällig noch keine wirklichen Probleme auf diesem Gebiet haben, können Sie sicher sein, daß die noch kommen werden! Vielleicht finden Sie ein christliches Ehepaar, das bereit ist, mit Ihnen darüber zu sprechen. Wenn es möglich wäre, würden wir Sie zu uns einladen und mit Ihnen sprechen. Wir würden Ihnen Vorschläge machen, die wir selber als hilfreich empfunden und mit anderen durchgesprochen haben. Zwar meinen fast alle Paare, sie stünden mit ihren Problemen ganz allein da. Im Grund genommen gibt es jedoch kein Problem, dem nicht schon irgendein anderes Paar in irgendeiner Weise begegnet wäre. Folgende Grundsätze haben sich in unseren Augen bewährt:

1. Vergewissern Sie sich, daß Ihre Erwartungen realistisch sind. Im Gegensatz zur Meinung vieler versetzt uns der Sex nicht direkt in den Himmel. Sexuelle Intimität muß über einen längeren Zeitraum hinweg erlernt werden. Ja, es gibt Augenblicke höchsten Glücks, und Sie sollten selbst die kürzesten solcher Augenblicke genießen. Vergessen Sie auch nicht, gemeinsam über Fehler auf diesem Gebiet zu lachen!

2. Nehmen Sie keine »Alles oder nichts«-Haltung ein, denn damit verderben Sie sich selbst die Freude. Dies gilt vor allem für den Orgasmus der Frau. Es kann Wochen, Monate oder gar Jahre dauern, bis die Frau den ersten Orgasmus erlebt. Wenn Sie nicht beide zum Orgasmus gelangen, bedeutet das nicht, daß Sie sexuell versagt haben. Wenn Sie zum Orgasmus gelangt sind, bedeutet das nicht, daß Sie das Ziel erreicht haben. Und vergessen Sie nicht: Sie haben noch eine lebenslange Ehe vor sich! Genießen Sie Ihre Beziehung voll und ganz, so wie sie jetzt ist. Freuen Sie sich darauf, daß sie noch schöner wird.

3. Reden Sie! Die Sexualität ist nicht nur etwas Körperliches. Sie glauben gar nicht, welche Rolle darin die sprachliche Kommunikation spielt. Ein Grund, weshalb ein Paar nicht zum Orgasmus gelangt, mag darin liegen, daß keiner der Partner ehrlich sagt, was er gern bzw. nicht gern hat. Es mag unromantisch klingen, wenn jemand sagt: »Das hab ich gern«, oder: »Bitte, tu das nicht.« Aber es gibt keinen besseren Weg, Ihrem Partner eindeutig zu verstehen zu geben, was Sie mögen. Sie müssen reden! Wenn Sie sich nicht mit Worten darüber austauschen, was Sie auf sexuellem Gebiet mögen und was nicht, dann bringen Sie sich vielleicht ständig um das Schönste.

4. Wenn ein Partner Probleme hat, dann sollte das »unser« und nicht »sein« Problem sein. Die häufigsten Schwierigkeiten liegen anscheinend darin, daß die Frau nicht zum Orgasmus kommt und der Mann einen vorzeitigen Samenerguß hat. Wenn Sie unter solch einem Problem leiden, können Ihnen unter Umständen zuverlässige Bücher helfen. Noch hilfreicher ist es, mit jemandem darüber zu sprechen. Das könnte Ihr Seelsorger sein oder ein Freund. Es wird der Frau helfen, sich mit einer anderen Frau zu unterhalten, und dem Mann, mit einem Mann zu sprechen.

❊ Dies ist der Tag,
den der Herr macht;
laßt uns freuen und
fröhlich an ihm sein.

Noch besser ist es vermutlich, wenn Sie gemeinsam mit einem anderen Ehepaar sprechen. Stellen Sie direkte, offene Fragen. Was fühlt man beim Orgasmus? Welche Dinge können dazu beitragen, einen Orgasmus zu erreichen? Oder: Wie kann ich den Samenerguß so lange zurückhalten, wie ich will? Was muß ich tun, wenn ich nicht warten kann? Sicher werden nicht alle Freunde bereit sein, so offen mit Ihnen zu sprechen. Doch wir halten das für einen Dienst christlicher Liebe, den Brüder und Schwestern einander tun können.

5. Freuen Sie sich darüber, daß es innerhalb der Ehe eigentlich nichts gibt, was unmoralisch ist, solange sich beide Partner dabei wohlfühlen und es keinem von ihnen schadet. Vielleicht haben Sie sich jahrelang gegen die sexuelle Stimulierung durch die Umgebung wappnen müssen. Jetzt brauchen Sie das nicht mehr zu tun! Es kann einige Zeit dauern, bis Sie zur vollen Freiheit auf dem Gebiet gelangen, wo Sie sich Grenzen gesetzt hatten. Aber es liegt noch ein ganzes Leben der Freiheit vor Ihnen. Selbst nach der Hochzeit kann es sein, daß Sie im sexuellen Bereich nur langsam vorangehen wollen. Wie immer Sie sich auch entscheiden, Sie können sich an der Sexualität freuen und dafür danken. Wir können Gott dafür danken, daß er uns zu geschlechtlichen Wesen gemacht hat.

1. Welche sexuelle Erfahrung haben Sie am meisten genossen?

_____

_____

_____

2. Wo war es am schwersten, sich auf den Partner einzustellen?

_____

_____

_____

_____

3. Was könnte Ihr Partner tun, damit Sie noch mehr Freude in Ihrer sexuellen Beziehung haben?

_____

_____

_____

_____

(Versuchen Sie, diese Fragen alle paar Monate zu beantworten. So bleiben Sie auf dem Laufenden über notwendige Änderungen in Ihrem Sexualleben.)

Zur weiteren Lektüre

LaHaye, Tim und Beverly: *Wie schön ist es mit dir,* Verlag Schulte und Gerth, Aßlar, 15. Auflage 1992

Trobisch, Ingrid: *Mit Freuden Frau sein, Bd. I,* R. Brockhaus Verlag, Wuppertal und Zürich, 25. Auflage 1990

Nitsche, Walter: *Erfüllende Sexualität*, Schwengeler-Verlag, CH-Berneck 1989

Dillow, J.C.: *Und die zwei werden sein ein Fleisch*, Leonis-Verlag, Zürich 1992

Bovet, Theodor: *Die Ehe*, Katzmann Verlag, Tübingen, 3. Ausgabe 1984

Müller, Harry: *Weil Du Du bist. Befreite und erfüllte Sexualität*, Hänssler-Verlag, Neuhausen-Stuttgart 1991

15. Vergebung in der Ehe

Wir hoffen, daß Sie inzwischen etwas von der Schönheit und der Kunst der ehelichen Liebe erlebt haben. Dabei sind Sie bestimmt auf immer neue schöne Dinge gestoßen und verstehen einander und Ihre Beziehung immer besser. Bestimmt haben Sie auch in einigen Sackgassen umkehren müssen.

Es hat sicher Zeiten gegeben, wo Sie meinten, Sie verstünden einander, und wo Sie versuchten, sich gegenseitig anzunehmen – und wo Sie trotzdem in einer Sackgasse landeten. Man behauptet heute gern, in einer solchen Situation könne nicht von Schuld die Rede sein, sondern hier seien Kräfte am Werk, die sich unserer Kontrolle entzögen. Als Christen brauchen wir jedoch nicht in dieser Sackgasse steckenzubleiben. In einer christlichen Ehe gibt es immer einen Ausweg aus einer gespannten Lage. Wir werden zwar Spannungen erleben, die sind unvermeidlich; aber wir brauchen nicht in dieser Situation steckenzubleiben.

Wir haben in diesem Buch versucht, Ihnen zu zeigen, wie Sie Ihre Probleme lösen und mögliche Enttäuschungen verarbeiten können. An dieser Stelle muß nun betont werden, daß der vielleicht wesentlichste Bestandteil der ehelichen Beziehung die Vergebung ist.

In unserer Umgebung versucht man vielfach, Spannungen wegzuerklären. Als Christen können wir uns mit der Sünde auseinandersetzen, die so oft die Wurzel von Spannungen ist. Mit Sünde meinen wir Ungehorsam gegenüber dem Willen Gottes, wie er uns im Wort Gottes offenbart wird. Stolz, Selbstsucht, Streit, Eifersucht, Überheblichkeit – das sind keine »Macken« der menschlichen Natur, mit denen wir uns abfinden müssen. Sie sind Sünde. Sicher gehört es zum Schwierigsten, gleichzeitig aber auch zum Wichtigsten, was wir in der Ehe zu lernen haben, daß wir Vergebung annehmen und dem anderen vergeben müssen, wenn solche Sünde unsere Beziehung stört.

Vergebung gehört zur Mitte der christlichen Botschaft. Paulus schreibt in seinem ersten Brief an die Korinther, er habe »in erster Linie« verkündigt, »daß Christus gestorben ist für unsere Sünden nach der Schrift« (1. Korinther 15,3). An dieser Stelle geraten wir oft auf Abwege. Wir geraten auf den Abweg unserer leistungsorientierten Gesellschaft (»Ich muß doch selbst etwas tun, damit mir vergeben wird!«); auf den Abweg unserer eigenen Schuldgefühle (»Gott vergibt mir vielleicht, aber er wird es nie vergessen!«); oder auf den Abweg der Resignation (»Ich bin so sündig, da kann ich getrost fortfahren zu sündigen.«). Wir sollten uns immer wieder klarmachen, daß Gott uns durch Christi Tod Vergebung schenkt (vgl. Psalm 32,5; Jesaja 43,25; Micha 7,18-19 und Hebräer 10,11-18).

Wichtig ist auch, daß wir den Unterschied zwischen echten und falschen Schuldgefühlen erkennen. In Offenbarung 12,10 wird Satan der »Verkläger« genannt. Schuldgefühle, die durch Satans anklagenden Zeigefinger entstehen, sind falsche Schuldgefühle. Schuldgefühle, die durch die Überführung durch den Heiligen Geist entstehen (Johannes 16,8), beruhen auf wirklicher Schuld. Jesus ist für unsere wirkliche Schuld gestorben, nicht für falsche Schuldgefühle. Wir leben oft unser Leben in falschen Schuldgefühlen, weil wir diesen Unterschied nicht erkennen.

Wenn Sie in Ihrem Leben von Schuldgefühlen geplagt werden, fragen Sie sich: »Gibt es etwas in meinem Leben, das ich bekennen muß, weil es Sünde ist – etwas, das im Gegensatz zum Wort Gottes steht? Muß ich irgendwelche Änderungen in meinem Leben vornehmen?« Wenn die

Antwort nein lautet, dann war es Satan, der Sie angeklagt und Sie mit falschen Schuldgefühlen belastet hat. Ist die Antwort ja, dann bekennen Sie die Sünde, und Sie können sicher sein: Gott wird Ihnen vergeben. Denken Sie daran, daß wir in Gottes Nähe sein dürfen »mit wahrhaftigem Herzen und in der Gewißheit des Glaubens, besprengt in unseren Herzen und damit befreit von dem bösen Gewissen« (Hebräer 10,22).

Indem wir lernen, zu Gott zu kommen und Vergebung zu erlangen, lernen wir auch, einander zu vergeben. Sorgen Sie dafür, daß in Ihrer Ehe viel Vergebung ist. Es wird unzählige Augenblicke geben, wo Sie sich sagen müssen: »Nur durch Gottes Gnade kann ich bestehen.« Denn keiner von uns ist vollkommen. Auch Ihre Ehe wird nicht vollkommen sein. Lernen Sie es, mit Ihren Sünden zu Gott zu gehen, seine Vergebung anzunehmen und dann sich selbst und einander zu vergeben, wie er Ihnen vergeben hat.

1. Welche Gebiete Ihres Lebens verursachen Ihnen häufig Schuldgefühle?

_____

_____

_____

Wenn es welche gibt, sprechen Sie mit Ihrem Partner darüber. Wenn echte Schuld dahintersteckt, dann bekennen Sie sie gemeinsam im Gebet. Wenn Sie um keine Sünde wissen, die Sie bekennen müssen, dann bitten Sie Gott, falsche Schuldgefühle durch seinen Frieden zu ersetzen.

2. Wann haben Sie zum letzten Mal etwas getan, wofür Sie die Vergebung Ihres Partners brauchten? Was war das?

_____

_____

_____

3. Was war das Letzte, was Sie Ihrem Partner vergeben haben?

_____

_____

_____

4. Was bedeutet es für Sie, wenn Sie sagen: »Bitte, vergib mir«?

_____

_____

_____

Was bedeutet es für Sie, wenn Sie sagen: »Ich vergebe dir«?

_____

_____

_____

Zur weiteren Lektüre

Tournier, Paul: *Echte und falsche Schuldgefühle. Eine Deutung aus psychologischer und religiöser Sicht*, Humata Verlag, Bern, 8. Auflage 1989

Renate Kaufmann

Lieber ganz als gar nicht
Mit dem Schlafsack durch Europa

224 Seiten, R. Brockhaus Taschenbuch, Bestell-Nr. 220 838

Der authentische, faszinierende Bericht einer jungen Frau, die jahrelang durch Europa trampte – auf der Suche nach dem Sinn ihres Lebens.

Renate Kaufmann

Zwei Karten für den wilden Oskar
Erlebnisse einer unangepaßten Frau

96 Seiten, R. Brockhaus Taschenbuch, Bestell-Nr. 220 847

Das Buch bietet eine Mischung aus Geschichten, Satiren und Texten zum Nachdenken. Langweilig wird es keinem Leser werden.

Mike Yaconelli

Jetzt mal ehrlich
Mit einem Vorwort von Andreas Malessa

160 Seiten, R. Brockhaus Taschenbuch, Bestell-Nr. 220 492

Muß »der« Christ wirklich so denken und handeln, wie »man« als Christ eben denkt und handelt?
Mike Yaconelli macht auf humorvolle Weise und durch sein eigenes Beispiel Mut dazu, nicht nur vor Gott und sich selbst ehrlich zu werden, sondern auch vor den anderen. Und nicht nur ehrlich, sondern auch barmherzig, denn wer möchte, wenn er seine Rüstung abgelegt hat, im Kalten stehen?
Ein originelles Buch, das dem Leser auf manchmal ernüchternde Weise einen Spiegel vorhält, aber einen Spiegel, in dem er sieht, daß ihm jemand über die Schulter schaut und ab und zu aufmunternd zuzwinkert ...